Emanuele M. Barboni Dalla Costa

IL PICCOLO MANUALE STRATEGICO DEL SOCIAL MEDIA MANAGER

Guida Essenziale alla Presenza Online

Questo libro è stato realizzato con StreetLib Write
 http://write.streetlib.com

Indice dei contenuti

L'Autore 1

Trova la tua social-motivazione e non lasciare nulla al caso 5

Brand Awareness: fai conoscere il tuo marchio 9

Il Funnel di vendita 11

I Social per incrementare le vendite del tuo prodotto o servizio 15

La dritta: non tutti i prodotti sono adatti alla vendita online 17

Il Social Customer Care: aiutare il cliente prima e dopo la vendita 23

Sei un professionista? Imposta una strategia di 'Personal Branding' 25

Nessuno ti vieta di aprire un profilo social solo per divertimento 29

Le regole auree della tua presenza social — 33

Come scegliere il social perfetto (e generare utenti fedeli) — 39

I peccati capitali del Marketing — 43

Conosci davvero il tuo pubblico? Un esercizio per focalizzarti — 55

Il sito web è ancora necessario? — 59

Le app indispensabili per la gestione dei canali social — 65

Come realizzare un'analisi SWOT professionale — 71

Come analizzare la presenza online di un competitor — 79

Come potenziare la tua presenza sui social media — 83

Perché dovresti iniziare a fare storytelling sui social — 87

5 tecniche per generare idee creative — 89

Processi creativi per un brand naming di successo — 93

Che competenze deve avere un creativo

digitale per trovare oggi lavoro? 101
Piccolo dizionario di web marketing 109
Ringraziamenti 119

L'AUTORE

Mi chiamo Emanuele M. Barboni Dalla Costa e sono un docente di Comunicazione e Creatività. Vivo a Milano in compagnia di una gattina persiana davvero adorabile: Cleopatra.

Dal 2001 il mio obiettivo è quello di aiutare clienti e studenti a migliorare il modo in cui comunicano nel mondo (sia reale che digitale). Mi piace farlo in maniera autentica e creativa. E' la cosa che mi riesce meglio, forse perché la creatività e l'autenticità sono le due caratteristiche che sento più "mie".

Ho conseguito una laurea in Comunicazione Digitale e una in Spettacolo e Comunicazione Multimediale. I miei interessi si sono concentrati da sempre sulla creatività applicata alla comunicazione, con particolare attenzione ai nuovi media.

Nella mia carriera lavorativa ho ricoperto il ruolo di direttore creativo d'agenzia, art director digital, direttore marketing e responsabile della comunicazione web, radio e per la stampa per brand nazionali ed internazionali.

Mi piace "giocare" e cerco di alimentare giorno per giorno il bambino creativo che sono sempre stato.

Al mio ruolo di consulente dal 2009 ho affiancato quello di insegnante. Tengo regolarmente corsi in aula e online dedicati alla comunicazione efficace, alla scrittura creativa e ai social media. Nella mia carriera ho avuto in aula più di 1.000 studenti!

Nel mio percorso ho creato diversi progetti editoriali di successo che coinvolgono ogni mese oltre un milione di italiani: magazine, piattaforme di e-learning, siti web, podcast, canali Youtube e pagine social. Adoro viaggiare, suonare musica punk e riflettere su me stesso e sulla realtà che mi circonda.

Concentrarsi sulla comunicazione per me significa migliorare il dialogo che abbiamo con noi stessi e con gli altri.

Cerco di fare qualcosa di creativo ogni giorno. Potrai facilmente vedermi con un pennello in mano, una macchina fotografica al collo o impegnato nella scrittura di un nuovo libro.

"Il bimbo che non gioca non è un bambino, ma l'adulto che non gioca ha perso per sempre il bambino che era dentro di sé e che gli mancherà molto"

Pablo Neruda
PS: Per qualsiasi informazione puoi contattarmi all'e-mail milanoworkshops@gmail.com o visitare il mio sito https://www.emozionare.net

Buona Lettura!

TROVA LA TUA SOCIAL-MOTIVAZIONE E NON LASCIARE NULLA AL CASO

La tua permanenza sui social media non deve essere casuale.

Che tu gestisca un profilo personale o uno aziendale deve esserci sempre una valida motivazione.

La prima domanda che dovresti porti è infatti:

"Perché sono sui social?"

D'altronde nessuno ti ha obbligato, giusto? Sembra una domanda stupida ma non è così. Nei prossimi paragrafi ti aiuterò a capire se la tua motivazione è valida.

Anche perché aggiornare con contenuti sempre nuovi i nostri profili richiede tempo e dedizione. Non per nulla il "social media manager" è diventato un ruolo cruciale in aziende e istituzioni.

Cerchiamo di essere chiari: utilizzare i social solo come una "vetrina" non è un buon inizio e nemmeno un obiettivo valido in termini di comunicazione.

Ti pongo una domanda molto semplice:

"Guarderesti un canale televisivo di sole pubblicità?"

Certo che no!

Il tuo piano editoriale dovrà prevedere elementi extra rispetto alla semplice pubblicazione di eventi e prodotti.

Dunque attenzione: occhio a non esagerare con le lodi e la pubblicità sui tuoi profili.

Il rischio è di annoiare il tuo pubblico ed ottenere un effetto opposto a quello che ti eri prefissato.

La nostra vita è basata sugli obiettivi, che siano essi piccoli o grandi. Studiamo per poter lavorare in un determinato ambito, andiamo in palestra per perdere 5 Kg, prenotiamo una vacanza per poterci rilassare e così via.

Ogni nostra azione è determinata da una linea guida che viene definita a priori, non a posteriori.

Stilare una breve lista di motivazioni prima di avventurarsi in questo bizzarro mondo dovrebbe essere la prima cosa da fare.

Ora rispondi alla domanda: che valore aggiunto può dare al pubblico la mia presenza sul web?

ESERCIZIO

Prendi un foglio di carta ed elenca 5 motivazioni valide che giustifichino la tua presenza on-line.

BRAND AWARENESS: FAI CONOSCERE IL TUO MARCHIO

La conoscenza del marchio, in inglese "brand awareness" è una delle leve principali della presenza sui social media.

E' un obiettivo abbastanza generico che potrebbe corrispondere all'affermazione "sono sui social per far conoscere i miei prodotti o i miei servizi".

Non si tratta in questo caso di un veicolo "puro" di vendita.

Quando il nostro obiettivo è la conoscenza del brand i social devono essere utilizzati senza velleità di vendita ma come canale primario di prima connessione e mantenimento del rapporto tra i follower e l'azienda.

L'obiettivo di brand awareness, se fosse un'affermazione, si tradurrebbe con:

- *Hey! Piacere di conoscerti, sono l'azienda X. So che non hai mai sentito parlare di me ma ho qualcosa che potrebbe arricchire-semplificare-migliorare un aspetto della tua vita.*

Siccome non mi conosci ancora bene farò di tutto per proporti contenuti interessanti che ti facciano scoprire lentamente quello che posso fare per te.

Che ne dici: diventiamo amici?

Come detto prima ovviamente la pubblicazione dei prodotti e delle offerte non può essere esclusiva ma bisogna prevedere altri contenuti. Vedremo più avanti di cosa si tratta.

IL FUNNEL DI VENDITA

La conoscenza del marchio si pone nella estrema parte superiore di quell'imbuto chiamato notoriamente "funnel di vendita"

Attenzione a non confondere questo step con quelli successivi (middle funnel, ossia clienti in fase di scelta tra voi e un competitor e lower funnel, ossia clienti che hanno già visitato il vostro sito e propensi dunque all'acquisto).

La conoscenza del marchio è il primo passo per qualsiasi tipo di conversione (sia essa la vendita, l'iscrizione ad una newsletter o la visita al vostro sito).

Compreresti mai un prodotto che letteralmente non

conosci?

Non aspettarti quindi grandi risultati in termine di vendite ma puntate piuttosto sulla vostra unicità per creare un circolo virtuoso, magari generando un buon passaparola tra gli attuali follower e i potenziali nuovi seguaci.

ESEMPIO PRATICO

La neonata micro-azienda Dragon Beer si occupa di produrre e distribuire birra artigianale sul mercato italiano.

Decide di aprire un profilo Instagram con lo scopo duplice di far conoscere il marchio all'utente finale ma soprattutto per far conoscere ai potenziali distributori (bar, ristoranti, GDO) le caratteristiche della sua ottima birra.

Sono questi infatti i veri destinatari della sua comunicazione.

Tramite una presenza social Dragon Beer decide di postare contenuti di qualità come immagini dalla catena di produzione e interviste ai fondatori.

Grazie all'incentivo alla pubblicazione di testimonianze video da parte degli stessi consumatori l'azienda sarà in grado di "far girare il nome" tra il pubblico e tra gli addetti ai lavori, mostrando di sé un'immagine solida e garantita dagli stessi consumatori finali.

Per completare il piano editoriale Dragon Beer si preoccuperà di pubblicare altresì news sulle fiere di settore come curiosità sul mondo del luppolo.

Tramite questa strategia editoriale Dragon Beer darà un valido motivo per seguirla a tutti i destinatari della sua comunicazione.

I distributori visiteranno i social per tenere d'occhio gli sviluppi dell'azienda o per informarsi in maniera preliminare,

I birrofili saranno attratti dalle curiosità pubblicate settimanalmente dal profilo. Un pizzico di autoironia e qualche post squisitamente autoreferenziale completano il quadro di una perfetta strategia di conoscenza del marchio.

ESERCIZIO

Elenca almeno tre brand che hai conosciuto tramite i social nell'ultimo anno. Visita i loro profili social e osserva quali post tra gli ultimi 20 pubblicati hanno raggiunto i risultati migliori in termini di engagement (coinvolgimento).

Si tratta di contenuti prettamente pubblicitari/autoreferenziali o di post "laterali" (senza menzione diretta del marchio)?

I SOCIAL PER INCREMENTARE LE VENDITE DEL TUO PRODOTTO O SERVIZIO

I social sono un ottimo mezzo per aumentare le vendite se supportati da una strategia solida e diluita nel tempo.

Sempre più utenti acquistano su questo medium ma bisogna dire che non è facile come bere un bicchiere d'acqua.

Chiaramente ci sono variabili imprescindibili dalla tipologia di prodotto o servizio proposto.

Stai vendendo una consulenza da 3.000 euro o un

ebook da 9 euro?

Senza una conoscenza preliminare dell'azienda e dei suoi prodotti è molto complicato portare all'acquisto "a freddo".

Bisognerà dunque mostrare tramite una strategia costante e coerente di content creation l'affidabilità, la credibilità e la giusta immagine dell'azienda.

Attenzione: i social non sono nati per vendere.

Possiamo immaginarli più come un punto di contatto dove l'utente cerca informazioni, recensioni e feedback.

Bisogna vederli più come un trampolino verso il nostro e-commerce, un amico che consiglia i nostri prodotti senza venderli direttamente.

In questo testo non parlerò nello specifico di ads (sono proprio le ads il trampolino privilegiato con obiettivo la vendita) bensì di content creation che possa aiutare il processo di vendita.

LA DRITTA: NON TUTTI I PRODOTTI SONO ADATTI ALLA VENDITA ONLINE

Non tutti i prodotti sono adatti alla vendita online. Come detto, molto dipende dalla tipologia di prodotto e dal suo posizionamento di mercato.

Per prodotti high-ticket (con prezzi molto alti) il customer journey (vale a dire il percorso d'acquisto) può addirittura richiedere decine di touchpoint (punti di contatto).

Pensaci bene: quando devi acquistare un nuovo smartphone da 800 euro non passi ore a navigare tra e-commerce, forum, recensioni, video su YouTube e schede tecniche con lo scopo di carpire informazioni e in fine ultimo di trovare la migliore offerta?

Cerca di immaginare i social come un touchpoint all'interno del processo d'acquisto ricordando che molto difficilmente la vendita avverrà in questo frangente.

Preoccupati piuttosto di avere una landing page (pagina di atterraggio) performante e che abbia tutti gli elementi ottimizzati per la conversione (visual, copy e call to action).

ESEMPIO PRATICO

Ludovico ha scritto un nuovo manuale di tecnica per il tiro con l'arco e ha deciso di pubblicarlo su Amazon e altri store digitali tramite un servizio di self publishing.

Sa bene che il semplice inserimento del prodotto all'interno dei vari marketplace non è sufficiente a far decollare le vendite.

Decide quindi, tempo prima, di creare un profilo Facebook sul quale pubblica passaggi cruciali del suo testo sotto la forma di immagini e brevi video animati, oltre ad un countdown che preannuncia l'uscita del libro.

Il suo scopo ora è veicolare su di sé l'attenzione di un pubblico.

Così facendo Ludovico stuzzica il suo pubblico e, con un piccolo investimento pubblicitario di circa 5 euro di sponsorizzazione al giorno, riesce a raggiungere un buon numero di appassionati.

Egli infatti si preoccupa di inserire nel suo target pubblicitario fan di riviste specializzate e di centri legati a questa disciplina.

In questa prima fase si concentra sulla distribuzione di contenuti interessanti e allo stesso tempo sulla creazione di "hype", vale a dire un'aspettativa per l'uscita del libro.

Vuole informare più potenziali clienti possibile della sua nuova pubblicazione.

A seguire, il giorno del lancio, crea un post con un link che porta direttamente alla pagina di Amazon.

Gli utenti avranno, nelle settimane precedenti, imparato a conoscere l'autore tramite la sua strategia di brand awareness e si sentiranno più motivati ad effettuare l'acquisto.

ESERCIZIO

Qual è l'ultimo acquisto "importante" che hai effettuato online?

Prova a tracciare una mappa del processo che ti ha portato l'acquisto segnando le varie tappe e la tempistica che queste hanno richiesto.

- Hai visitato forum?
- Hai visto video su YouTube?
- Quali siti di recensioni hai consultato?
- Ne hai parlato con qualche amico?

Traccia una linea orizzontale e crea il tuo personale "customer journey".

Ti stupirai nel vedere quanti passaggi (e quanti giorni) passano prima di effettuare un acquisto online.

IL SOCIAL CUSTOMER CARE: AIUTARE IL CLIENTE PRIMA E DOPO LA VENDITA

Te ne sarai accorto: il servizio clienti si è spostato sulle pagine aziendali.

Perché?

La risposta è molto semplice: i social sono uno strumento gratuito che ci permette di gestire, inviare e ricevere messaggi con estrema facilità.

Possiamo dare informazioni pre-sale sui nostri servizi come gestire agilmente lamentele, cambi di prodotto, prenotazioni e una infinita varietà di richieste.

Molto più comodo dell'email e decisamente più responsivo di una telefonata, il customer service sui social se ben gestito e organizzato può davvero semplificare una parte importante del vostro business.

Lo "human touch" si deve sempre sentire, anche sui social.

Evitate bot di risposta automatica dove non strettamente necessario.

Ne guadagnerete in fidelizzazione e soddisfazione dell'esperienza utente.

SEI UN PROFESSIONISTA? IMPOSTA UNA STRATEGIA DI 'PERSONAL BRANDING'

I social sono un ottimo strumento di valorizzazione del proprio brand personale.

Ma cosa è il "personal branding"?

Bene, si tratta di una strategia volta a far conoscere le nostre capacità e i nostri obiettivi personali e professionali.

Tramite la pubblicazione di articoli, immagini, video sarai in grado di creare una specifica immagine di te nel destinatario.

Si potrebbe obiettare che, detta così, questa strategia non sia elegante o pura.

In realtà è qualcosa che facciamo ogni giorno nella vita reale.

Assumiamo determinati atteggiamenti, ci vestiamo in una determinata maniera e affrontiamo determinati argomenti raccontando percorsi e successi con i nostri colleghi o ad una cena tra amici.

Ecco che i social diventano la declinazione digitale di quello che siamo (o vorremmo essere) nella realtà.

E' un obiettivo molto utile per i professionisti che possono dimostrare le loro capacità e costruire un'immagine credibile con lo scopo, ad esempio, di trovare nuovi clienti o cambiare lavoro.

L'errore più diffuso anche in questo caso è l'eccesso di autoreferenzialità.

Bisogna essere delicati nel raccontare i propri successi e diluire i contenuti con elementi di contorno che possano realmente arricchire il tuo pubblico.

Vi siete mai trovati ad una cena dove c'era un istrionico commensale che "monopolizzava" la conversazione?

Che sensazioni vi ha trasmesso?

Non siate così!

Cercate di dare spazio anche ai successi degli altri e di pubblicare notizie interessanti.

L'obiettivo è quello di trasmettere un'immagine equilibrata.

Così facendo ci guadagnano davvero tutti.

APPROFONDIMENTO: IL PERSONAL BRANDING SU LINKEDIN

Sul nostro profilo LinkedIn possiamo pubblicare notizie riguardanti i nostri successi lavorativi (una nuova importante commessa, l'incontro con un esperto del settore, la partecipazione ad un seminario).

E' buona prassi però non limitarsi a questo condividendo anche articoli e post di altri esponenti del settore, intervenendo in discussioni in maniera costruttiva e, perché no, dando spazio ai successi di amici e colleghi.

NESSUNO TI VIETA DI APRIRE UN PROFILO SOCIAL SOLO PER DIVERTIMENTO

Ultimo (ma non meno importante) obiettivo è quello dello svago.

Si, perché nulla vieta di aprire un profilo social esclusivamente per divertimento.

Scevro da ogni velleità di conquista del mondo social, il profilo divertente o hobbistico ha molti vantaggi. Anzitutto non ha vincoli se non quello di divertirsi e sperimentare.

Si, perché prima di iniziare una vera e propria attività professionale in questo settore è sempre buona cosa "sporcarsi" le mani per imparare a padroneggiare i vari strumenti, dai tool di pubblicazione fino ai test nei vari orari lungo la giornata.

Aprire un profilo per hobby vi permetterà di iniziare a creare contenuti, valutarne l'efficacia ed entrare nel mood giusto per fare il grande salto.

Non è da escludere che una pagina nata per divertimento possa diventare qualcosa di più grande.

Se è vero infatti che la maggioranza dei progetti viral infatti nascono per hobby o divertimento, non è da escludere che possano sbocciare e trasformarsi in qualcosa di decisamente profittevole.

Merchandising, collaborazioni con brand e programmi tv e radiofonici potrebbero essere un ottimo output per tutti coloro che, con costanza e dedizione, hanno deciso di sbarcare sui social per divertirsi.

LA DRITTA: DEVI AVERE UN "FOCUS" CHIA-

RO

Quando apri un profilo per divertimento assicurati di avere un focus chiaro.

Questo significa andare a scavare tra le tue passioni fino a trovare quello specifico argomento del quale potresti parlare letteralmente per giorni.

Un focus superficiale esaurirà il proprio potenziale dopo pochissimo tempo.

Assicurati di avere idee e spunti a sufficienza per poter garantire un buon numero di contenuti su base settimanale e mensile.

Questo punto non vale solo per i social come Instagram o YouTube ma anche per blog, riviste di settore e podcast.

LE REGOLE AUREE DELLA TUA PRESENZA SOCIAL

➥ E' TUTTA UNA QUESTIONE DI QUALITÀ

Qualunque sia il tuo obiettivo non dimenticare mai di concentrarti sulla qualità (grafica, grammaticale e del "valore") dei tuoi contenuti.

Pensaci dieci volte prima di postare un'immagine, un video o un articolo.

Il web è già pieno zeppo di contenuti "spazzatura".

Chiediti sempre: ho prestato la massima attenzione alla qualità di questo contenuto?

▸ CHIEDITI SE STAI "DANDO VALORE"

Il pubblico non seguirà la tua pagina senza una valida motivazione.

A tal proposito ti suggerisco un concetto che dovrà diventare il tuo "mantra"

"Informare, educare, divertire"

Sono questi gli obiettivi imprescindibili dei contenuti sui social.

Chiediti se il post che stai per pubblicare risponde a (almeno) uno di questi obiettivi.

Nel caso non sia così molto probabilmente stai immettendo sul web un contenuto di scarso valore (molto probabilmente una "cara vecchia pubblicità")

▸ SII PAZIENTE, I RISULTATI ARRIVERANNO

Ci vuole tempo per ritagliarsi il proprio spazio sul web.

Spesso i progetti social falliscono proprio per mancanza di costanza. Ci si aspettano risultati immediati, un'esplosione di follower dalla sera alla mattina e contratti stellari solo perché "la mia è un'idea geniale".

Non funziona così.

Parti con umiltà e non aspettarti nulla (almeno per ora).

Ricorda che l'utilizzo dei social è gratuito e si sa: in questo mondo nessuno ti regala niente.

Se crederai veramente al potenziale dei tuoi contenuti dedicando ore preziose al tuo progetto i risultati arriveranno.

➥ STAI IL PIÙ LONTANO POSSIBILE DALLE "VANITY METRICS"

Credi che il numero di follower sia importante?

Non è così.

Si tratta di "metriche di vanità" che servono solo a riempire l'ego dei titolari delle pagine.

Ti faccio un esempio.

Luca ha un negozio di scarpe in centro e ogni giorno entrano nel suo negozio 100 persone.

Questi sono i "follower".

Luca è molto contento e orgoglioso di tutto questo "traffico" all'interno del suo negozio.

Ma c'è un problema.

Luca non è riuscito a vendere nemmeno un paio di scarpe.

Zero.

Nada.

La gente entra, fa un giro nel negozio ed esce.

La situazione non sarebbe migliore se entrassero anche solo 10 persone e si vendessero 3 paia di scarpe?

Bene, hai capito che le "metriche di vanità" non servono proprio a nulla.

Quello che serve è che i tuoi follower compiano un'azione.

E mai come in questo caso è bene ricordare l'antico motto "meglio pochi, ma buoni".

► IL SOCIAL-SEGRETO DI PULCINELLA

Ecco il segreto di Pulcinella: sui social i numeri sono tutti gonfiati.

Con pochi dollari è possibile comprare migliaia di follower, commenti e visualizzazioni.

Non farti scoraggiare dai numeri che vedi: percorri la tua strada a testa alta, credi nel tuo progetto e non paragonarti mai agli altri.

Cerca di essere originale, sempre.

COME SCEGLIERE IL SOCIAL PERFETTO (E GENERARE UTENTI FEDELI)

Cosa sono i social network se non un'enorme piazza all'interno della quale ogni utente del mondo può esprimere il proprio parere, la propria opinione su praticamente tutto?
Ogni giorno leggiamo sotto i post che appaiono nelle nostre bacheche social le più svariate opinioni su prodotti, servizi, vip e cantanti, idee politiche.

All'interno di una strategia dei contenuti per il web non considerare questo aspetto potrebbe essere un grave errore. In quanto gestori di pagine e account sociali su Internet dobbiamo essere i primi ad ascoltare. E' inutile creare una pagina unidirezionale: non stiamo più parlando di televisione, dove nessuno può rispondere o interagire.

Stiamo pubblicando contenuti e storie relative alla nostra attività al fine di generare coinvolgimento. Il coinvolgimento è dato soprattutto dai commenti. senza dimenticare però, a diversi livelli di importanza, anche like e condivisioni.

Dobbiamo ascoltare ciò che il pubblico ha da dirci per migliorare il nostro prodotto o il nostro servizio. Se non siamo disposti ad ascoltare i nostri follower probabilmente non è il caso di "sbarcare" su alcun social network. Lo dico sempre: non è mai morto nessuno!

Su Facebook ad esempio gli utenti che commentano sono molto più numerosi rispetto ad altre piattaforme. Su Instagram i commenti sono decisamente meno.

Un consiglio che posso dare a tutte le attività è questo: se avete un appeal molto visuale (abbigliamento, scarpe, ristorazione, band musicali) e non avete molta voglia di interagire ma volete comunque avere una presenza on-line forte scegliete dei social prettamente visuali (come ad esempio Instagram).

Se invece siete disposti ad ascoltare prediligete Facebook (probabilmente saprete che entrambe le piattaforme sono di proprietà di Mark Zuckerberg).

Attenzione: non significa che la vostra presenza on-line debba essere limitata ad un solo social: potete anche tranquillamente utilizzarle entrambe tenendo conto che Facebook rappresenta una piazza decisamente più vasta e chiacchierona.

Non tralasciate nulla, leggete tutti i commenti. Se riuscite rispondete sempre: darà una buona sensazione a colui che ha commentato. Si sentirà importante!

Ricorda: lo scopo è quello di creare una community di utenti fedeli al tuo marchio. Per fare questo la vostra attività dovrà seguire una linea editoriale creando rubriche e proponendo argomenti coerenti con le aspettative del vostro pubblico.

Cercate di coinvolgere gli utenti con ogni strumento, ringraziate coloro che commentano e rendono più profittevole a vostra presenza on-line.

Per ricapitolare: se non siamo pronti ad ascoltare non apriamo profili social, se siamo disposti ad ascoltare "poco" possiamo optare per Instagram o per un blog, nel caso in cui la nostra attività sia "aperta" possiamo prediligere Facebook.

L'obiettivo è quello di creare una comunità di utenti fedeli. Non pubblichiamo a caso, dobbiamo "abituare" tramite un piano editoriale i nostri utenti ai nostri contenuti al fine di coinvolgerli e di renderli brand ambassador, vale a dire persone che parlino di noi sia online che nella vita reale con accezioni positive.

I PECCATI CAPITALI DEL MARKETING

Articolo ispirato a "<u>I dieci peccati capitali del marketing. Sintomi e cure</u>" di Philip Kotler

Il marketing spesso si palesa in azienda esclusivamente in forma teorica. L'errore primario risiede spesso in un eccesso di ottimismo (o di pessimismo) quando si parla di strategie per implementare la vendita di prodotti. Perché ricordiamolo: il marketing serve a promozionare un prodotto allo scopo di VENDERE.

Pare strano ma spesso questo obiettivo viene trascurato. Teniamo conto che 3 prodotti su 4 non sono ben accolti dal pubblico. Non si può quindi eccedere di ottimismo: apri, non vendi, chiudi.

Il marketing dovrebbe trainare la strategia che si mette in pratica al fine di espandersi e creare il proprio spazio dentro al mercato. E' sempre importante non fermarsi mai e cercare nuove opportunità.

Regola di Pareto - Legge del 80-20, legge che si basa sullo sforzo e sul beneficio. L'80% del guadagno si basa sul 20% dei prodotti.

Serve quindi uno studio preliminare ed approfondito sul TARGET altrimenti vi troverete a vendere il ghiaccio agli eschimesi!

Serve anche definire preventivamente il POSIZIONAMENTO di mercato, vale a dire la fascia all'interno della quale la nostra azienda vuole entrare.

Le famose variabili del maketing: le 4P di Kotler per il posizionamento

- Product (il prodotto)
- Promotion (la pubblicità)
- Place (i canali di vendita)
- Price (la politica del prezzo)

Queste 4 variabili possono definire il vostro posizionamento all'interno del mercato.

Ma scopriamo quali sono gli errori e le mancanze che un'azienda può riscontrare:

- Impresa non è mette al centro il cliente e

non analizza bene il mercato in cui deve competere
- Impresa non conosce a fondo il cliente obiettivo (esercizio sul Avatar)
- Sottovalutare i concorrenti del mercato
- Impresa che non gestisce bene i rapporti con gli stakeholders (enti, imprenditori, banche...)
- Impresa non riesce ad individuare nuove opportunità di business
- Pianificazione generale del marketing totalmente inadeguata
- Politiche aziendali che non sono integrate tra di loro, quindi discrepanza tra le 4P
- Capacità di comunicazione e costruzione del marco insufficienti. Marchio non forte, non si garantisce una continuità.
- Impresa non è capace di fare strategia di marketing
- Impresa che non trae le opportunità che la tecnologia offre

I 10 PECCATI CAPITALI DEL MARKETING NELLO SPECIFICO

Impresa che tralascia sia lo studio del mercato sia quello del target

- Individuazione imprecisa sul dove il mercato potrebbe sbocciare.
- Terra infertile che sembra fertile.
- Definizione inadeguata delle priorità del segmento di mercato
- Mancanza di persone che conoscano bene quel segmento di mercato

Cure: adottare tecniche più avanzate per la segmentazione, come quella sulla base dei vantaggi, dei valori, della fedeltà; assegnare priorità ai segmenti più importanti; formare una forza vendita specializzata.

Sintomi dell'insufficiente orientamento al cliente

- Anziché focalizzarsi sul cliente ci si focalizza sul prodotto
- Non esiste cultura e formazione orientata del cliente
- Non vi sono incentivi per offrire ai clienti servizi di alto livello

Cure: Gerarchia, cliente al primo posto; intraprendere attività a far crescere la consapevolezza verso i clienti ai dipendenti; facilitare la comunicazione tra clienti e azienda.

L'impresa non conosce a fondo i clienti obiettivo

- Ultima analisi clienti troppo vecchia
- Non si realizzano le revisioni di vendita
- Elevato numero di rese e lamentele

Cure: svolgere ricerca più accurata sui consumatori (focus group, interviste, sondaggi, mistery shopping); Utilizzare tecniche più analitiche; Creare panel di clienti e di rivenditori; Installare software CRM per la ricerca e immagazzinamento dati.

L'impresa deve definire e monitorare meglio i concorrenti

- Ci si focalizza troppo sui concorrenti immediati, si fanno errori di valutazione e bisogna sempre monitorare sia i concorrenti diretti sia quelli di indiretti (vantaggio competitivo)
- Non disporre di un sistema per la raccolta e

divulgazione delle informazioni strategiche

Cure: nominare una persona che si occupa del monitoraggio e i movimenti dei concorrenti; assumere personale proveniente da altri concorrenti; predisporre offerte simili ai concorrenti.

L'impresa non ha gestito adeguatamente i rapporti con gli stakeholders

- I dipendenti sono scontenti (ne basta uno per rovinare i risultati dell'azienda)
- L'impresa non si rivolge a fornitori di prim'ordine
- L'impresa non dispone dei migliori distributori
- I rivenditori sono insoddisfatti
- Gli investitori sono scontenti

Cure: migliorare la gestione del personale; migliorare la gestione delle relazioni con i fornitori; migliorare la gestione delle relazioni con i distributori e i rivenditori; migliorare la gestione delle relazioni con gli investitori.

- "If you pay nuts, you get monkeys"

L'impresa non riesce ad individuare nuove opportunità

- L'impresa è statica se non individua nuove opportunità
- La maggior parte delle nuove idee lanciate non ha avuto successo

Cure: avviare un sistema per stimolare un flusso di nuove idee e sinergie

La pianificazione del marketing non è adeguata

- Non c'è logica adeguata, non c'è sufficiente budget, non è possibile effettuare delle prove di investimento
- Non ci sono sufficienti fondi per il marketing
- Il piano non contempla imprevisti o emergenze

Cure: stabilire modello standard di piano e comprendere la SWOT, chiedere ai responsabili del marketing quali cambiamenti introdurrebbero se fosse assegnato loro il 20% in più o meno del budget; organizzare un programma annuale di premi e riconoscimenti di marketing da assegnare ai piani più efficaci.

Le politiche aziendali relative a prodotti e servizi devono essere integrate

- L'impresa ha troppo prodotti e non sono redditizi
- L'impresa propone gratuitamente troppi servizi
- L'impresa non è sufficientemente efficace nella vendita incrociata (Bar-Tabacchi) di prodotti e servizi

Cure: l'impresa deve definire un sistema per individuare i prodotti deboli e modificarli o eliminarli; L'impresa deve offrire e stabilire il prezzo dei servizi secondo livelli diversi; l'impresa deve migliorare le proprie procedure per il cross-selling e l'up-selling.

Le capacità comunicative e di costruzione del marchio sono insufficienti

- Il mercato obiettivo non conosce a sufficienza l'impresa
- La marca non si differenzia dalle altre e non è considerata migliore
- L'impresa assegna il budget sempre agli stessi strumenti di marketing e in misura quasi identica ogni anno anziché seguire l'andamento delle vendite.
- Non viene esaminato l'impatto sul ROI (Ritorno di investimento) dei diversi programmi promozionali (pensare agli utili e non al fatturato)

Cure: migliorare le strategie della costruzione del brand; trasferire risorse verso strumenti di marketing di maggiore efficacia; sviluppare nei responsabili del marketing una mentalità maggiormente orientata agli aspetti finanziari ed esigere che calcolino l'impatto sul ROI prima di avanzare le loro richieste di fondi.

L'impresa non è organizzata per attuare un'efficace strategia di marketing

- Il direttore marketing non appare efficace

- Il personale non dispone di alcune delle competenze marketing indispensabili (ricerca, pubblicità, promozione, vendite)
- Non corre buon sangue tra il dipartimento marketing/vendite e gli altri dipartimenti

Cure: Nominare un leader più forte a capo del marketing; sviluppare nuove competenze nel compartimento marketing (posizionamento con leadership di prodotto, eccellenza operativa, attenzione al cliente, posizionamento prezzo, prodotto, accesso); comunicazioni integrate di marketing e misurare della redditività; passare da marketing-driven a marketing-drive (essere il motore del business); migliorare i rapporti del marketing con gli altri dipartimenti.

L'impresa non ha tratto tutti i benefici della tecnologia

- L'impresa si avvale solo marginalmente di Internet
- Il sistema di automazione delle vendite è obsoleto
- L'impresa non ha introdotto nessuna automatizzazione di marketing

- Il team marketing non dispone di modelli a sostegno delle sue decisioni

Cure: avvalersi maggiormente delle potenzialità di Internet; migliorare il sistema di automazione delle vendite; applicare forme di automazione ai sistemi di marketing;

Spero che questo elenco di errori da evitare in ogni strategia di marketing realmente orientata al profitto possa esservi stata utile!

CONOSCI DAVVERO IL TUO PUBBLICO? UN ESERCIZIO PER FOCALIZZARTI

Fate un bell'esercizio: cercate di immaginare il vostro potenziale cliente e stilate una lista di tutte le caratteristiche che dovrebbe avere. Chiedetevi chi potrebbe entrare nel vostro negozio, chi potrebbe acquistare il vostro servizio, chi verrà ai vostri concerti. Immaginatelo e descrivete in un bell'elenco tutte le sue caratteristiche. Tutte quelle che vi vengono in mente: età, sesso, abitudini, caratteristiche fisiche, interessi culturali. Tutto. Più questo "avatar" (o buyer personas) sarà dettagliato e più sarà indirizzata la vostra comunicazione.

Perché starete pubblicando proprio per lui (e lui se

ne accorgerà!).

Ecco un esempio di caratteristiche da tenere in considerazione per definire il tuo pubblico:

- Nome
- Età
- Status
- Dove vive
- Che lavoro fa
- Aspetto fisico
- Come si veste
- Cosa fa nel tempo libero
- Dove va in vacanza
- Dove fa la spesa
- Cosa mangia
- Che giornali legge
- Film preferiti
- Dove va quando esce
- Quali siti guarda
- Quali problemi vuole risolvere
- Che esperienza ha della tua attività

Questo è solo un punto di partenza. Potere andare molto nel dettaglio. Più caratteristiche troverete e più il vostro avatar sarà preciso. Questo è un esercizio di focalizzazione che vi aiuterà a definire meglio il vostro potenziale follower e, quindi, tutta la vostra comunicazione.

Quando pubblicherete qualcosa dovrete pensare proprio a lui e chiedervi:

- Potrebbe interessargli?
- Sto usando il suo linguaggio?
- Capirà il tono di voce che sto usando?
- Si potrebbe emozionare?
- Risponderà con un commento alla mia domanda?
- Gli sto dando dei buoni motivi per condividere il mio contenuto?

IL SITO WEB È ANCORA NECESSARIO?

Nell'epoca del "social network a tutti i costi" è facile cadere nel tranello e pensare che i siti web non siano più necessari.

Qualche anno fa lessi un articolo online dal titolo "Facebook Pages killed web design".

Vero?

Solo in parte.

Ovvio che sulle pagine social possiamo caricare informazioni, eventi, contenuti di ogni genere. Vero anche che così facendo si entra in una struttura estremamente standardizzata, graficamente insipida e, soprattutto, chiusa.

I social network infatti sono praticamente insensibili alla SEO (i contenuti non appaiono su Google) e vi assicuro che là fuori c'è ancora un sacco di gente che usa Google per cercare informazioni.

Credo che i social in molti casi debbano supportare, attraverso un piano editoriale, la vostra attività on-line. Ma non possono sostituirsi completamente.

Sito e pagina Facebook sono due cose diverse che lavorano insieme. Un sito web dà un senso di concretezza, caratteristica che i social per loro natura non possono garantire.

Pensateci bene: i contenuti sui social hanno una vita molto limitata, vengono quasi immediatamente nascosti da notizie più recenti. Per questo le pagine in questione richiedono aggiornamenti frequentissimi.

Per farla breve: sui social si perdono le informazioni.

Ecco che il caro vecchio sito web, con il suo blog dedicato, può evitare questa dispersione di informazione e tornare ad essere il vero punto di riferimento per la vostra comunicazione on-line.

Ecco un breve elenco di situazioni dove, a mio parere, il sito web non può mancare:

Sito Aziendale: qualunque sia la tua attività, gli utenti ti cercheranno on-line. Soprattutto se hanno intenzione di acquistare il tuo prodotto/servizio. Utilizza il sito web per dare tutte le informazioni sulla tua attività e per rassicurare il potenziale cliente con FAQ, contatti, listini prezzi e cataloghi aggiornati. Integrando un blog potrai veicolare il tuo pubblico verso il tuo sito grazie a informazioni utili e tutorial, migliorando le conversioni e la conoscenza del tuo marchio.

Sito Curriculum: avere una pagina che descriva la nostra attività in uno specifico campo potrebbe essere la chiave per il successo del vostro prossimo colloquio. I recruiter cercano informazioni su di voi prima di contattarli: stupiteli con un cv on-line che vada oltre quello che LinkedIn può fare. In alternativa potete creare delle pagine descrittive sulla vostra attività ma impostare le proprietà del sito in modo che non appaiano nei motori di ricerca. Lo scopo? Inviare delle candidature "estese" con pagine ad hoc create apposta per rispondere all'annuncio di lavoro. Con la tecnologia di oggi è sempre più facile creare landing page in pochi minuti. Sarà un plus per la vostra candidatura e potrete dare maggiori informazioni sul vostro modo di lavorare.

E-Commerce: qui la scelta pare ovvia. Un e-commerce è anzitutto un sito aziendale con la possibilità di acquistare prodotti. Quando create un e-commerce ricordatevi di non trascurare la parte descrittiva della vostra attività tramite pagine ad hoc. Anche qui un blog potrebbe veicolare traffico e generare contatti di potenziali clienti interessati alla vostra offerta.

Sito Portfolio. Sei un artista? Un grafico? Un fotografo? Allora non puoi non esimerti dall'avere un sito web che mostri i tuoi migliori lavori. Potresti usare una delle tante piattaforme in circolazione per questo scopo, certo. Avere però il completo controllo di come i tuoi lavori vengono mostrati esteticamente non ha eguali. Solo tu puoi sapere come valorizzare i tuoi lavori! Un paio di consigli. Uno: resta minimale. Fai parlare i tuoi lavori grafici o le tue foto! Due: inserire i lavori non basta. Completa il sito con descrizioni delle tue opere che siano "umane". Come disse un famoso fotografo "non mi interessa che obiettivo hai usato o quale ISO hai impostato: spiegami perché hai fatto quella foto e cosa hai provato quando la scattavi".

Quali caratteristiche deve avere un sito web ben fatto?

Le caratteristiche sono poche ma non possono mai mancare

- L'ottimizzazione per la visione su smartphone (sito responsive)
- Un design chiaro e leggibile.
- Un motore di ricerca interno per i contenuti.
- Immagini e grafiche di qualità
- Testi ben scritti e ben formattati

LE APP INDISPENSABILI PER LA GESTIONE DEI CANALI SOCIAL

Nella vita del social media manager (o del semplice appassionato di web marketing) i dati da monitorare quotidianamente per valutare la performance dei vari canali di comunicazione sono davvero tanti. Pagine Facebook, canali YouTube, newsletter periodiche, profili Instagram ... Controllare tutto con una certa frequenza può richiedere molto, moltissimo tempo.

Perché installare delle app per gestire i canali social e monitorare i progressi?

Gestisco tanti, tantissimi canali. Blog, pagine Social, Newsletter. E il tempo, ahimè, spesso scarseggia. Trovandomi di fronte a questo problema di tempo ho optato per l'installazione sul mio smartphone di alcune app di monitoraggio davvero molto utili che mi permettono di

- velocizzare il mio flusso di lavoro
- postare contenuti on-the-go
- monitorare più canali contemporaneamente
- avere una visione completa del traffico in entrata
- avere a portata di mano tutti i dati, senza dovermi connettere da pc
- gestire post, commenti e contatti

Ecco un breve elenco delle app che ho personalmente installato sul mio smartphone per tenere tutto sotto controllo in un batter d'occhio.

Gestore delle Pagine: da questa app sono in grado di vedere statistiche, rispondere ai messaggi, moderare i commenti e creare nuovi post per le mie pagine Facebook.

MailChimp: oltre a poter creare newsletter (operazione un po' scomoda da smartphone) sono in grado di visualizzare statistiche di apertura delle newsletter, inviare le e-mail a chi non le ha aperte e aggiungere e gestire i contatti delle mie liste di distribuzione.

SocialPilot: utilizzo questo servizio per programmare i post su una moltitudine di canali social (dal profilo personale di Facebook ai profili Instagram, passando per LinkedIn e Tumblr). Posso letteralmente gestire tutta la programmazione editoriale dallo smartphone. L'app (gratuita, mentre il servizio è a pagamento) permette anche di moderare eventuali post di collaboratori e misurare la performance dei vari canali.

Google Analytics: l'app ufficiale di Google permette di avere a portata di swipe tutti i dati degli account ad essa collegati. Io personalmente monitoro oltre 10 siti web e mi piace molto tenere d'occhio i dati di crescita di ognuno di essi.

YouTube Studio: è una delle mie preferite. Permette di ottenere Analytics sui canali YouTube che gestiamo, mostrando una moltitudine di dati interessanti sulle interazioni sui video, i commenti, le visualizzazioni e gli iscritti. Se gestite più di un account Google sarà sufficiente collegarli per visualizzare tutti i canali in un'unica schermata. Davvero imprescindibile per ogni YouTube addicted come me!

WordPress: l'app ufficiale permette di creare articoli on-the-go ma anche di visualizzare importanti dati di traffico per i tuoi blog. A proposito: sapevate che con un unico account potete creare infiniti blog? Io ne gestisco cinque, ed è veramente comodo avere tutto in un unico posto!

Appendice: Sei un musicista?

Se, come me, sei un musicista e proponi la tua musica sui vari portali ecco una lista delle app da non perdere:

SoundCloud: questa app ti permette di monitorare gli ascolti, modificare il profilo, gestire i follower, caricare audio e, ovviamente, ascoltare ottima musica (gratis!)
Spotify for Artists: sei curioso e vuoi conoscere il numero di stream della tua musica e l'inserimento nelle varie playlist dei tuoi brani? Questa app ti permette

di tenere d'occhio tutto in maniera molto intuitiva.

BandCamp: anche qui abbiamo statistiche in tempo reale sugli stream, gli acquisti dei tuoi brani e i tuoi follower. Aspetto molto interessante: vengono mostrati sia gli ascolti completi che quelli parziali e le canzoni skippate.

Per concludere, trovo che l'utilizzo delle app per monitorare i canali social si un vero time-saver. Spero come sempre di esservi stato utile!

COME REALIZZARE UN'ANALISI SWOT PROFESSIONALE

L'Analisi SWOT è uno strumento potentissimo per analizzare sotto diversi aspetti un'idea creativa al fine di ottimizzarla. Utilizzatela ogni volta che volete mettere sotto torchio il vostro medesimo progetto (qualsiasi esso sia) con lo scopo di farlo uscire rafforzato.
Ma entriamo nel dettaglio.

Cos'è la SWOT Analysis?
L'analisi SWOT è un esercizio molto utile in fase di progettazione di un prodotto o un servizio. Si tratta di un matrice previsionale. Serve infatti a scovare i punti di forza (strenghts) e di debolezza (weaknesses) del nostro prodotto rispetto ai competitor, oltre ad analizzare le opportunità future (opportunities) per il

nostro business e tutto ciò che potrebbe minacciare (threats) la buona riuscita dell'operazione.

A cosa posso applicare l'analisi SWOT?
A qualsiasi tipo di attività o prodotto che deve essere lanciato sul mercato. Può trattarsi di un agriturismo, di un nuovo gadget tecnologico, di un'attività di ristorazione o anche semplicemente di un blog.

Perché è importante realizzare una Analisi SWOT?
L'analisi SWOT ci permette di avere una visione di insieme del nostro progetto. Ci permette di prevedere fortune e sfortune del lancio del nostro prodotto. Ci permette di realizzare un piano d'azione e di essere preparati in ogni evenienza. Una cosa importantissima è essere realisti e anticipare le obiezioni dei clienti come le minacce del mercato. Siate masochisti e autocritici, il vostro progetto ne guadagnerà in fattibilità e si perfezionerà.

Come si realizza un'analisi SWOT?
Divido il foglio in quattro quadranti. In alto troverò i Punti di Forza e Debolezza. Questi sono i fattori endogeni, ossia caratteristici del nostro prodotto.
Nei due quadranti inferiori inserirò le Opportunità per il futuro e le Minacce. Questi sono fattori esogeni

e non dipendono direttamente da noi, ma principalmente dagli altri (il mercato, i competitor e mille altre cose che potrebbero capitare).
NB: Ogni quadrante deve avere almeno 8-10 voci in formato elenco puntato.

Cosa devo mettere in un'Analisi SWOT?
Strenghts (Punti di Forza). In questo quadrante inseriremo tutte quelle caratteristiche che rendono il nostro prodotto competitivo sul mercato. Quello in cui siamo forti, insomma. Dobbiamo capire cosa ci rende appetibili, perché il consumatore dovrebbe scegliere noi, ciò che ci rende unici rispetto agli altri. Alcuni esempi:

- Utilizziamo dei materiali innovativi?
- Abbiamo un ottimo rapporto qualità prezzo?
- Abbiamo maggiore esperienza rispetto ai competitor?
- Il nostro prodotto è comodo/utile/bello/funzionale?

Weaknesses (Punti di Debolezza). In questo quadrante inseriamo invece tutti quegli ambiti che rendono il nostro prodotto "pericolosamente attaccabile". Per intenderci: tutto ciò che manca al nostro prodotto. Tutto ciò che gli altri hanno e noi no. Alcuni esempi:

- Non abbiamo sufficiente esperienza
- Abbiamo costi alti di produzione/gestione
- Mancanze rispetto ai competitor

Opportunities (Opportunità per il Futuro). Inseriremo in questo quadrante gli step che ci piacerebbe intraprendere in futuro per ampliare il nostro business. Ad esempio:

- L'apertura di un e-commerce
- La partnership con altre aziende
- La delocalizzazione di parte della produzione,
- L'aggiunta di nuove features
- L'implementazione del processo di produzione

Threats (Minacce) è il quadrante più difficile. Bisogna infatti elencare tutte le "sfighe" che potrebbero capitare al nostro business. Ciò serve per essere preparati e stilare un piano d'azione nell'eventualità che queste "sfighe" si verifichino. Alcuni esempi:

- Entrata di un competitor diretto sul mercato

- Mancanza di liquidità
- Aumento tassazioni
- Calamità naturali
- Personale che si ammala

e tutto ciò che potrebbe minacciare la vostra presenza stabile sul mercato.

Ecco un esempio di Analisi SWOT realizzato in aula per un potenziale B&B.

Concept

Il Bed & Breakfast Fratelli Pau si trova nella campagna toscana a due passi da Firenze e dal Mugello. Ci proponiamo di promuovere prodotti enogastronomici della tradizione toscana, fatti da noi, attraverso un ampio ventaglio di attività di impronta turistica.

Strenghts (Punti di forza)

- produzione manifatturiera a km/0
- location (ampio terreno di proprietà) e attrezzature
- variegata offerta di attività (principalmente all'aperto)
- possibilità di ospitare animali
- vicinanza al circuito del Mugello e Firenze
- noleggio mezzi di trasporto e servizio navetta

- prezzi competitivi
- personale a formazione internazionale
- ottima segnaletica che conduce al B&B
- parcheggio custodito

Weakness (Punti Deboli)

- numerosi competitor
- offerta simile ai nostri competitor
- costi di gestione e manutenzione
- prezzi competitivi
- alto costo personale
- location
- scarse alternative all'attività all'aperto per famiglie
- poca varietà di pacchetti offerta rispetto ai nostri competitor
- spese trasporti/noleggio/mantenimento mezzi

Opportunities (Opportunità)

- possibilità di partnership con strutture e negozi locali
- partnership con istituzioni locali e regionali
- possibilità di ampliare il ventaglio di attività mirate per famiglie

- certificazione antisismica
- creare pacchetti ad hoc per coppie o famiglie
- creazione fondo per spese impreviste
- possibilità di tirocini formativi
- assicurazioni specifiche
- diversificazione dai competitor

Threats (Minacce)

- costi imprevisti
- manutenzione straordinaria
- terremoti
- alluvioni
- maltempo eccezionale
- cattivo raccolto
- malattie impreviste bestiame (cavalli, bestiame)
- parassiti
- danni ai mezzi di trasporto
- danni ai macchinari di produzione

COME ANALIZZARE LA PRESENZA ONLINE DI UN COMPETITOR

Analizzare la presenza on-line di un brand può essere un esercizio molto utile per scoprirne i punti di forza e di debolezza (e usare queste informazioni a nostro vantaggio).
Di seguito una serie di punti da tenere in considerazione per realizzare una buon report.

Sito Web

- Analisi di massima con <u>Similarweb</u>
    - metriche su volume di traffico
    - referenti
    - frequenza di rimbalzo

- o tempo di permanenza sul sito
- o paesi di provenienza
- o pagine per sessione media
- Analisi qualitativa della User Experience e User Interface
- Tempi di caricamento
- Presenza blog e linea editoriale

Facebook/Instagram/Twitter

- (Può' essere necessario stabilire un periodo di riferimento es. ultimo mese)
    - o Esistenza della Pagina/Profilo (si/no)
    - o Data di Nascita della pagina
    - o Pagina Verificata?
    - o La pagina è aggiornata?
    - o Numero di seguaci
    - o Numero di registrazioni sul punto vendita
    - o Identificazione post "sponsorizzati"
    - o Frequenza di pubblicazione (ogni quanto viene pubblicato un post)
    - o Orario "tipo" di pubblicazione (es. 11:00)
    - o Tipologia di post pubblicati (link esterni, video, immagini, caroselli, gif, te-

sto ...)
- Tono di voce utilizzato nel copy (formale, informale)
- Numero di like/reazioni medie
- Numero di commenti medi
- Numero di condivisioni medie
- Numero di visualizzazioni medie (video)
- Qualità dei commenti/recensioni e Sentiment
- Risposte ai commenti da parte dell'azienda
- Marketing Istantaneo (si/no)

YouTube

- Esistenza Canale Ufficiale (si/no)
- Numero di Iscritti
- Frequenza di Caricamento dei filmati
- Video più popolari
- Video meno popolari
- Playlist create
- Tipologia di video (spot, rubriche, ricette ...)
- Sentiment dei commenti ai video (positivo/negativo)
- Like/Dislike

Analisi del "Sentiment" e delle Recensioni

- L'analisi delle recensioni è un passaggio fondamentale per capire cosa i clienti dicono on-line a proposito di un prodotto o servizio. Analizzate la presenza di recensioni su portali come TripAdvisor, Facebook o Amazon. L'obiettivo è quello di conoscere la percezione di un brand da parte dei clienti. Si lamentano? Si complimentano? Qual è il tono medio dei commenti? E delle recensioni?

Chiaramente ognuno di questi punti può' essere esteso garantendo un'analisi sempre più approfondita. Ricordatevi che più informazioni otterrete sui vostri competitor e più potrete trarne un vantaggio strategico.

Seguendo questa to-do-list sarete in grado di realizzare un buon report che analizza gli aspetti fondamentali della presenza on-line di un brand.

COME POTENZIARE LA TUA PRESENZA SUI SOCIAL MEDIA

Non tutte le attività commerciali che sbarcano su Facebook riescono realmente ad ottenere risultati di coinvolgimento (e vendita) tangibili. Ecco una lista di 14 consigli da seguire per migliorare la propria offerta di contenuti sui maggiori social network.

1. Segui un piano editoriale: parlare di tutto un pò non ti porterà da nessuna parte. Crea rubriche e appuntamenti fissi nella tua proposta.
2. Riproponi: i contenuti sui social vivono poco, molto poco. Riproponi i contenuti che consideri validi (ricordati di ricaricarli, non di ricondividerli!).
3. Testa orari differenti: non fidarti mai dei

cheatsheet che trovi in Rete. Ogni pubblico è diverso come sono diverse le sue abitudini. Conoscile e intercettale.

4. Non sbarcare su tutti i social: usa solo quelli che puoi seguire veramente.
5. Limita i link esterni: Facebook non li digerisce. Molto meglio caricare sulla piattaforma contenuti originali.
6. Un occhio alla qualità: foto e video devono sempre essere il top del top.
7. Pubblica meno, pubblica meglio: dedica più tempo alla qualità di testi e immagini e non farti prendere dalla foga di pubblicazione.
8. Diversifica l'offerta: GIF, video, caroselli, slideshow, post, link. Cosa coinvolge di più il tuo pubblico?
9. Calendarizza i tuoi contenuti: immagina il tuo canale social come una rete tv e ragiona su un palinsesto mensile. Cosa pubblicherai il mercoledì?
10. Parla al tuo target: scegli un tono di voce e degli argomenti che interessino realmente il tuo pubblico.
11. Fai domande: il vecchio trucchetto del copywriter.
12. Sii coerente: i tuoi contenuti devono essere

sempre riconoscibili. Crea dei format (video, testuali o grafici) e mantienili costanti nel tempo. Non mollare!
13. Fatti aiutare dalla Tecnologia: programma i post in maniera facile con HootSuite, SocialPilot o Buffer.
14. Cancella i post scarsi: anche l'occhio vuole la sua parte. Ogni tanto fai pulizia dei post che non hanno avuto successo. O segui il punto 2.

PERCHÉ DOVRESTI INIZIARE A FARE STORYTELLING SUI SOCIAL

Se fai qualcosa con amore e passione raccontando una storia, alla fine il pubblico arriva.
Anton Corbjn
E' questo il concetto numero uno sui social: raccontare delle storie e fare in modo che coinvolgano (engagement) un gran numero di persone (reach) che diventeranno vostri seguaci (follower) e che potrete includere nel vostro business, qualsiasi esso sia.

Il grande errore che probabilmente stai commettendo è non avere un piano d'azione e non aver pensato a delle storie da pubblicare sui social. Niente paura:

forse non sai che e storie ci sono, le produci ogni giorno che intraprendi la tua attività, vanno solo impacchettate e servite al tuo pubblico.

La tua azienda ha una storia, dei dipendenti, una location. Raccontala. Il tuo ristorante ha uno chef, delle ricette, degli eventi in programma. Raccontali. La tua associazione ha dei progetti, delle aspirazioni, delle esperienze pregresse. Bene, raccontale.

Sui social bisogna creare un contatto umano con il pubblico ed evitare la pubblicità fine a se stessa.

Pensaci bene: ti iscriveresti mai ad un canale tv che mostra solo pubblicità? Ovviamente no. Così i tuoi follower. Se ti ostini a pubblicare solo post promozionali senza cuore (e valore) perderai la scommessa.

Se non produci contenuti interessanti non riuscirai ad entrare in contatto con nuovi clienti. Fatti conoscere, crea contenuti e p

5 TECNICHE PER GENERARE IDEE CREATIVE

Elaborare un concept creativo, un'idea originale, non è una cosa semplice. Eppure chi lavora nell'ambito creativo deve farlo quasi quotidianamente. Che si tratti di un headline per un copywriter, di una campagna per un direttore creativo o di un progetto per un'attività commerciale per un imprenditore, l'idea, l'atomo che sta alla base di ogni azione futura deve avere alcune caratteristiche.
Ecco alcuni utili consigli per realizzare concept che, semplicemente, funzionano:

1. Il concept è una cosa semplice. Se fai fatica a spiegarlo ad un amico probabilmente l'idea non è sufficientemente forte.

2. La regola delle 5 parole. Riesci a descrivere la tua attività, la tua idea in sole 5 parole? Oppure ti DEVI dilungare? In quest'ultimo caso probabilmente la radice dell'idea è ancora troppo vaga.
3. Associazioni inedite. Cosa è creativo? Qualcosa che stupisce, qualcosa di inedito. E ciò che stupisce rimane impresso. Ribaltate, osate, accostate campi di significato differenti. Se non si fosse osato non avremmo il vitello tonnato. O sbaglio?
4. Brainstorming. Io lo faccio così: in un gruppo di lavoro ognuno, a turno e in pochissimo tempo (pena il salto di turno) dice una parola associata liberamente ad un concetto-fulcro. Una persona segna tutte le parole (almeno un centinaio) su un foglio di carta. Attenzione, il foglio di carta è importante. Ci accorgeremo che le prime parole saranno tutte consequenziali ma, dopo un po' la mente dei partecipanti inizierà a vagare. Si inizierà ad andare "fuori strada". Qui inizia il vero lavoro di associazione libera. Una volta terminato l'esercizio si può procedere ad associare le parole in maniera randomica (cercando connessioni tra due o tre parole) o ragionata, generando nuovi concetti

creativi su cui lavorare.
5. Il cervello riempie i buchi. Ricordatevi che siamo, per definizione, cercatori di significato. Se non capiamo qualcosa è nella nostra natura cercare connessioni. Utilizzate questo a vostro vantaggio. Probabilmente, senza volerlo o inconsciamente, avrete dato un significato anche alla simpatica mucca che trovate qua sopra. O sbaglio?

PROCESSI CREATIVI PER UN BRAND NAMING DI SUCCESSO

Premessa: le Parole Sono Importanti (cit.)
Le parole, e alcune in particolar modo, non sono semplici sequenze di lettere. Hanno la capacità di evocare mondi, idee, sensazioni ed emozioni che sono comuni a tutti gli esseri umani.
"Rosa" non è solo un fiore: è morbidezza, è profumo, è colore, è romanticismo, è il primo appuntamento, è un letto pulito, è la guancia di un bambino.

"Castello" è portatore di significati come mitologia, battaglie, crociati, lance e spade, Medioevo, difesa, collettività.

Alcune parole sono più "potenti" di altre. Scegliere un buon nome può significare riconoscibilità indiscussa, immediata. Dal nome che scegliamo derivano morbidezza o durezza, positività o negatività, malinconia o allegria, forza o eleganza.

È una questione di sensibilità, di esperienze pregresse, individuali o collettive. Scopriamo quali processi creativi possono essere la base per la scelta di un nome creativo che "funziona".

Cos'è il "Brand Naming"?
Il brand naming è una branca del marketing che si occupa di trovare il giusto nome per un prodotto, un servizio, una band musicale e in generale tutto ciò che debba essere riconoscibile all'interno di un mercato.

Che caratteristiche ha un "Naming Creativo"?

- È semplice da pronunciare
- È facile da ricordare
- È riconoscibile tra i competitor
- Evoca mondi e visioni
- È atipico, intrigante

- Emoziona facendo scattare il meccanismo del ricordo
- Non è banale, non si allinea alle mode

Vediamo ora 5 processi creativi che possono stare alla base di un Brand Naming di successo.

1) Unisci Campi Semantici (di Significato) Differenti

Dobbiamo trovare il nome ad una marca di mele. Chiudiamo per un attimo gli occhi. Quali sono le prime immagini che ci vengono in mente? Frutta, Verde, Salute, Bio, Campi, Contadino, Benessere ... Sono tutte scelte immediate, naturali, senza alcun processo creativo alla base.
Facciamo una prova. Pensiamo a quanto di più lontano possa esserci dall'immagine di un campo di mele. Il mare, ad esempio. Il mare non ha nulla a che vedere con la frutta (anche se esistono i frutti di mare!), o sbaglio?
Ragioniamo sull'idea di MARE, dunque. Pesci, Barca, Spiaggia, Nave, Ombrellone ... Squalo! Si, squalo mi piace. Non trovate creativo il nome SQUALO per una marca di mele?
- Che marca di mele prendi?
- Di solito prendo le SQUALO.

Lo squalo è un animale forte e dominante, proprio come le nostre mele. Oltretutto lo squalo è fornito di denti aguzzi, gli stessi denti che morderanno energicamente la mela.
Abbiamo già anche un logo, riesci ad immaginarlo?
Allora perché non decidere di chiamare le nostre mele proprio SQUALO?
Unendo due mondi diversi tra loro, trovando a posteriori il filo rosso che collega due idee diverse otterremo qualcosa di veramente creativo. In fondo nulla lega la dea Nike a delle scarpe da tennis e una mela ad un computer portatile. O sbaglio?
Pensa a quanto distanti possano trovarsi un vitello e un tonno. Eppure ...
Pesca le idee più lontane tra loro e cerca di trovare un collegamento di significato. Se sussiste sei a cavallo. E quando le persone lo capiranno, beh, farai una gran bella figura!

---

2) Usa il Latino (se ti piace vincere facile) e Traduci altre Lingue

I nomi in latino e greco suscitano sempre un certo fascino. Suonano (quasi) sempre bene. Hanno un non so che di istituzionale. Pensiamo alla lampada "Lux" o allo studio legale "Victoria" passando per il duraturo zaino "Invicta" e lo schermo piatto "Aquarium".

Vai su Google traduttore e trova il termine latino più adatto al tuo Brand Naming.

Suonerà un po' all'antica ma se cerchi un nome possente, breve e facilmente memorizzabile questa è una delle tecniche più veloci ed efficaci.

In alternativa puoi cercare anche la traduzione di una tua idea in una lingua straniere. Ad esempio "Kuki" in giapponese significa "Aria". Potrebbe essere un buon nome per un modello di phon, o sbaglio?

Ricorda che i nomi in francese, sul mercato italiano per lo meno, comunicano sempre un senso di eleganza e sofisticatezza. Se desideri un posizionamento alto questa potrebbe essere una buona strada da seguire.

Viceversa le parole dialettali comunicano un senso di concretezza popolare.

Buoni esempi possono essere "Dal Bauscia" per un ristorante tipico milanese, "El Prestinee" per una focacceria (del nord) o "O' Vucciria" per una pasticceria tipica siciliana

---

3) Fatti ispirare dalla Mitologia e dalle Leggende

"Galatea ("lei che ha la pelle bianco-latte") è una figura della mitologia greca, una delle cinquanta ninfe del mare, le Nereidi, figlie di Nereo e di Doride, la cui abituale residenza è in fondo all'oceano, con il padre e che hanno il compito di assistere i marinai."

Non trovi che sarebbe un nome fantastico per una agenzia viaggi (GALATEA VIAGGI), per una scuola di sub (GALATEA IMMERSIONI) ma anche per una band rock (GALATEA'S SYMPHONY)?

Il mondo della mitologia antica ci può dare moltissimi spunti. Ogni figura mitologica ha la propria storia, le proprie caratteristiche e i propri valori. Non solo Dei e Eroi: creature soprannaturali, mostri, angeli e incarnazioni di pianeti possono fungere da ottimo nome per il nostro prodotto o la nostra attività.

E non limitatevi alla mitologia romana o greca: in questa pagina Wikipedia potrete prendere spunto dalle più svariate mitologie, da quella atzeca a quella mesopotamica, da quella inca a quella giapponese.

Il nome ispirato alla mitologia porterà in seno sempre un significato molto profondo che denoterà un gusto per la ricerca che pochi altri metodi possono garantire.

---

4) Ispirati alla Geografia

La tua birra vuole richiamare il sogno Americano? Apri Google Maps e inizia a spulciare i nomi dei paesini del, diciamo, Missouri.

Troverai Spring Bluff, St. Cloud, Richwood. Tutti ottimi nomi.
- Cameriere? Mi porti due Spring Bluff, una St. Cloud rossa e tre Richwood.
Suonano bene, o sbaglio? E questi erano solo alcuni esempi.
Spulciare nella toponomastica (i nomi dei luoghi) può essere una vera e propria fonte inesauribile di spunti creativi.

---

5) Non dimenticarti dei numeri

I numeri hanno moltissimi significati in tantissime culture. Sono estremamente evocativi. Forse non sai che, esotericamente parlando, l'8 rappresenta l'infinito, l'11 (come il 22 e il 33) rappresenta la "giustizia e il potere acquisito per meriti". Su questo sito troverai il significato di diversi numeri.
Inserire dei numeri nel tuo brand naming darà un tono sicuramente elevato al tuo prodotto o servizio ma presta attenzione: i numeri possono avere significati differenti a seconda dei paesi.

CHE COMPETENZE DEVE AVERE UN CREATIVO DIGITALE PER TROVARE OGGI LAVORO?

Come ben sappiamo il mondo del WWW è variegato e le professioni che ne derivano presentano sfumature a volte molto marcate. Sul lavoro sarai più grafico o più copywriter, più analista o più programmatore. Vero è che chiunque si approcci al mondo del web oggi dovrebbe avere per lo meno un'infarinatura relativa agli aspetti cruciali che potrà trovarsi, un giorno, ad affrontare.

Ma cosa dovrebbe saper fare (almeno un po') un creativo digitale oggi?

1. SAPER SCRIVERE. Che piaccia o no sul web gli aspetti testuali sono moltissimi. Lavori come il content-editor e il content-marketer richiedono abili doti di copywriting.
2. CREARE GRAFICA. Che sia statica o in movimento, la grafica è uno degli aspetti contenutistici più rilevanti. Anche professioni come il social media manager o quelle di segretariato potrebbero richiedere questa competenza. Per non parlare di chi si occuperà di web-design o di e-mail marketing.
3. GIRARE E MONTARE VIDEO. I social si stanno lentamente tramutando in reti televisive. La comunicazione sarà sempre più orientata al video. Non fatevi trovare impreparati.
4. FARE STORYTELLING. Il nuovo modo di comunicare l'azienda on-line. Strettamente legato al copywriting e utilissima a chiunque desideri comunicare con efficacia sul web.
5. ANALIZZARE I RISULTATI. Disciplina più legata al marketing tradizionale. Monitorare le conversioni è un must per definire qualsiasi strategia commerciale.
6. GENERARE CONTATTI. La chiamano "Lead Generation", in sostanza si tratta di trova-

re nuovi clienti interessati al nostro prodotto.
7. FARE PERSONAL BRANDING. Sapersi vendere attraverso il web. Lo facciamo anche senza accorgercene, e non solo su LinkedIn.
8. AMMINISTRARE SITI WEB. Competenza richiesta da molte più professioni di quanto uno creda. Almeno un po' di WordPress andrebbe approfondito.
9. CONOSCERE LE LINGUE. Questo vale, ahimè, per qualsiasi profilo professionale.

Chiaramente, a seconda del lavoro, alcune skill risulteranno più importanti di altre.
Ma arriviamo alla famosa lista. Ho diviso le competenze in 9 sezioni tematiche, in modo da potersi focalizzare su un unico aspetto alla volta.

Competenze di Web Marketing & Creatività Digitale più richieste dal Mercato:

1) Analisi dei Dati

1. <u>Google Analytics</u> - Il traffico di qualsiasi sito on-line è monitorato tramite Google Analytics.
2. <u>Google Search Console</u> - Utilizza Search Console per monitorare i dati dei risultati della

Ricerca Google relativi alle tue proprietà.
3. Youtube Analytics - Essendo un servizio Google, anche Youtube utilizza un sistema di metriche simile a Google Analytics per monitorare accessi e visualizzazioni.
4. <u>SimilarWeb</u> - Un ottimo tool per monitorare il traffico on-line di uno o più competitor
5. Facebook Insights - Le statistiche delle pagine Facebook. Utilissime per valutare la performance dei nostri sforzi comunicativi.
6. SEO - Avere un minimo di conoscenza del funzionamento dei motori di ricerca è una competenza richiestissima in ambito editoriale e non.

2) Campagne a Pagamento

1. <u>Google AdWords</u> - Servizio di Google che permette di effettuare campagne di annunci sponsorizzati su Google, YouTube e rete Display
2. Facebook/Instagram Ads - Annunci a pagamento su Instagram e Facebook (entrambe di Zuckerberg)

3) Social Network

1. Conoscenza Base di Facebook, Instagram, Youtube, LinkedIn, Pinterest
2. Copywriting - Scrivere (bene) per il web è un'arte. Uno strumento che dovrebbe essere presente in ogni cassetta degli attrezzi del creativo digitale.
3. Creazione di un Piano Editoriale - Il punto è sempre questo: ho creato il profilo social ... Ora cosa ci metto? La pianificazione dei contenuti e la calendarizzazione dei contenuti on-line è un passaggio cruciale per ottenere successo e conversioni. Non dimenticatelo mai!

4) Programmazione di Post

1. HootSuite - Il tool di social media scheduling più completo. Un po' complicato ma permette di connettere e programmare la pubblicazione di post su una miriade di piattaforme social.
2. Buffer - Semplice ed intuitivo. Minimale direi. Mi ci trovo molto bene.
3. SocialPilot - Un'ottima via di mezzo. Piuttosto economico, fa con puntualità quello che deve fare. Lo utilizzo spesso.

5) Strumenti Grafici

1. <u>Adobe PhotoShop</u> - Quasi tutto ciò che di fotografico troverete in rete passa da Photoshop.
2. <u>Adobe Illustrator</u> - Software di illustrazione e grafica vettoriale professionale.
3. <u>Adobe InDesign</u> - Software di impaginazione per la stampa professionale.
4. <u>Canva</u> - Un must per la creazione di grafiche per il web (e non). Gratuito, semplice e potentissimo.
5. <u>Pixlr</u> - Un "PhotoShop" online gratuito. Può fare grandi cose.

6) Montaggio Video

1. <u>Adobe Premiere</u> - Software professionale di montaggio video. Un po' complicato ma efficientissimo.
2. <u>Adobe After Effects</u> - Complicato, ma certe animazioni e certi effetti speciali si possono davvero fare solo con AE.
3. <u>Final Cut</u> - Lo standard del montaggio video su Mac.
4. <u>iMovie</u> - Sempre per Mac. Facile e Intuitivo.
5. <u>Lumen5</u> - Ottimo tool free per la creazione di video animati con testo e foto.

7) Creazione/Gestione Siti Web

1. <u>WordPress</u> - Sapevi che il 29% di tutti i siti web presenti su Internet è realizzato con WordPress?
2. HTML, CSS, JS - Le basi del web design e della comunicazione on-line.
3. <u>Bootstrap</u> - Un framework utilizzatissimo basato sul sistema righe/colonne.
4. E-Commerce - Piattaforme open source come Magento, WooCommerce e WP-Ecommerce per WordPress e PrestaShop sono le più utilizzate.
5. <u>Filezilla</u> - Software FTP per caricare documenti e pagine web in rete.

8) E-Mail Marketing

1. <u>Mailchimp</u> - La piattaforma di creazione, invio e schedulazione di newsletter più potente e utilizzata on-line!

9) Lead Generation

1. <u>Sumo</u> - Tool online per la raccolta intelligente di e-mail dei visitatori del tuo sito.

Siamo arrivati alla fine. So bene che la lista non è completa, d'altro canto ogni mese nascono nuove discipline digitali in cui tuffarsi. Spero in ogni caso di aver fatto una buona sintesi e, in qualche misura, di avervi fatto scoprire qualcosa che potrà essere utile per il vostro futuro professionale.

PICCOLO DIZIONARIO DI WEB MARKETING

A

- Adwords - Servizio di sponsorizzazione annunci di proprietà di Google.
- Adsense - Servizio pubblicitario di Google che permette ai gestori di siti web di monetizzare ospitando annunci.
- Analytics - Sistema di monitoraggio del traffico di un sito web. Il più utilizzato è Google Analytics.
- Avatar - Nel caso di facebook e altri network è l'immagine identificativa del nostro profilo. Filosoficamente possiamo parlare di "trasposizione virtuale del proprio sé reale".

B

- Bio - Serie di informazioni che raccontano la storia del brand o del prodotto. Normalmente nella parte biografica è possibile inserire dei link di approfondimento ad altri social o al nostro sito.
- Blog - Sito web aggiornato con regolarità diviso per categorie. Una delle caratteristiche che ci permette di riconoscere un blog è la modalità di visualizzazione che è quella cronologica-inversa (post più recenti nella parte superiore della pagina). Caratteristiche: possibilità di ricevere commenti, possibilità di caricare file multimediali, avere degli iscritti.
- Brand ambassador - Cliente fidelizzato che parla bene del nostro prodotto alla sua rete di contatti. Sono una risorsa preziosa per il brand.
- Browser - Programma di navigazione per il web. Un browser traduce il codice in qualcosa di leggibile e visibile graficamente ovvero in quello che vediamo. Alcuni browser sono Opera, Chrome, Firefox e Internet Explorer.

C

- Calendario Editoriale - Documento per la

programmazione dell'uscita dei contenuti sui vari canali web
- Camere dell'eco - Descrizione metaforica per cui una situazione in cui le credenze vengono rafforzate e diffuse dentro un sistema definito. Singoli punti di vista vengono amplificati contro altri, come ad esempio gli algoritmi dei social che tendono a suggerirci contenuti simili a quelli con i quali abbiamo interagito, rafforzando un punto di vista univoco.
- Click baiting – Letteralmente "esca per i click". Tecnica di scrittura e pubblicazione di post volta a generare traffico ad un sito web. Spesso il termine è utilizzato con accezione negativa ma può indicare anche contenuti interessanti con un alto potenziale di viralità.
- CMS - Sistema di gestione dei contenuti online (Content Management System). Si tratta di un software installato su un server che ci permette di aggiornare in tempo reale pagine e contenuti di un sito. Esistono moltissimi tipi di CMS, ognuno con la sua specificità. Ad esempio per l'e-commerce (Magento, Prestashop), per i blog (Wordpress, Concrete 5) o per la gestione di ticket online o gallerie. Alcuni CMS molto utilizzati (come WordPress) sono Open Source.

- Content Marketing – Strategia di marketing che mette al centro la creazione di contenuti di qualità per attirare potenziali clienti.
- Contenuto Virale – Contenuto che si diffonde in Rete in maniera molto rapida raggiungendo un enorme numero di utenti in breve tempo.
- Crisis management - Gestione di una crisi sui social network dovuta ad un'inadempienza di un brand o a una figuraccia.
- CSS - Regole di stile che determinano l'aspetto estetico di un sito web.

E

- E-Mail Marketing – Strategia di promozione e vendita basata sulla comunicazione via posta elettronica.
- Embed – Incorporamento sul nostro sito di un contenuto multimediale ospitato su un'altra piattaforma (es. video YouTube)
- Engagement - Coinvolgimento del pubblico social dato dalla somma dei like, reactions, commenti e condivisioni.

F

- Fake news - Notizia bufala che gira in modo virale su internet. Spesso sono vere e proprie esche per generare traffico ad un sito (vedi click baiting).
- Feed RSS - Sistema software che permette agli utenti, tramite sottoscrizione, di ricevere aggiornamenti in tempo reale dai siti web che decide di seguire.
- Follower - Utente che decide di seguire il nostro flusso di notizie (feed) su un social network.
- Frequenza di apertura - Percentuali di e-mail aperte per una campagna di e-mail marketing
- Frequenza di Rimbalzo - Percentuale di utenti che accedono ad un'unica pagina di un sito web.

H

- Hashtag - Parola chiave preceduta dal cancelletto il cui scopo è quello di agevolare la ricerca di post legati a un determinato tema o argomento
- Hater - Utente che si accanisce contro un personaggio pubblico
- HTML - Linguaggio strutturale sul quale si

basa internet. Non è un linguaggio di programmazione

I

- Immagine di copertina - Spazio nella parte superiore di un profilo social dove è possibile caricare una foto rappresentativa o un video.
- Influencer – Creatore di contenuti seguito da un ampio pubblico. Rientrano nella strategia di marketing perché selezionati dalle aziende per comunicare i propri prodotti ad un target specifico.
- Insights - Statistiche di performance sui social network, permettono di capire qual è il tuo pubblico e di conoscere il suo comportamento.

J

- JavaScript – Linguaggio di programmazione che permette di creare particolari effetti grafici per il web.

L

- Logo - Rappresentazione grafica sintetizzata dei valori aziendali. Il logo deve essere riconoscibile e unico in quanto il suo scopo è quello di differenziare il nostro brand dagli altri.

M

- Mobilegeddon - Aggiornamento di Google che penalizza i siti web non responsive o che non possiedono un sistema mobile.
- Monetizzazione - Guadagno derivante dall'inserimento di annunci nei propri contenuti web.
- Motore di ricerca - Software governato da un algoritmo per la ricerca di informazioni in Rete. I motori di ricerca interni al sito limitano la ricerca ai contenuti presenti all'interno del dominio.

N

- Netiquette - Regole del galateo online.
- Nome Dominio – Indirizzo web univoco per il raggiungimento di una pagina on-line.

O

- Open Source – Software il cui codice sorgente è liberamente scaricabile e modificabile dagli utenti. Si tratta di software con sistema aperto. Linux è un sistema operativo open source.

P

- Pagina aziendale - Pagina web pubblica normalmente destinata alla promozione di un brand o di un'iniziativa dove è possibile pubblicare elementi multimediali, ricevere messaggi commenti e condivisioni da parte degli utenti.
- Piano Editoriale - Documento che specifica i contenuti e gli argomenti di un progetto per il web.
- PHP – Linguaggio di programmazione per il web.
- Post - Pubblicazione su un profilo social o su un sito web.
- Profilo privato - Pagina web accessibile a un network di utenti selezionati (i nostri amici) dove pubblicare elementi multimediali.

R

- Reach - Numero di utenti che hanno visualizzato un determinato post.
- Risultati organici - Risultati sul motore di ricerca "naturali", non a pagamento.

S

- SEO - Tecniche di ottimizzazione di pagine web per i motori di ricerca
- SERP - Pagina dei risultati di un motore di ricerca
- Server - Computer connessi 24/7 che ospitano e rendono accessibili agli utenti di Internet i siti web. Esistono in due versioni: Linux e Windows.
- Social media marketing- Strategia di coinvolgimento di prospect (potenziali clienti) e clienti (persone che hanno già acquistato) tramite reti sociali online.
- Sito web responsive - Sito web che tramite regole CSS è in grado di adattare il proprio aspetto a la propria larghezza a quella del dispositivo sul quale è caricato.

T

- Target – Destinatario della comunicazione. Deve essere ben definito.
- Testimonial - Personaggio pubblico che per le sue caratteristiche viene associato a un brand o prodotto con lo scopo di raggiungere un pubblico molto ampio.

U

- URL – Indirizzo univoco di una risorsa in Rete (pagina web, video, immagine ...).

W

- Web marketing – Disciplina volta al piazzamento i beni e servizi attraverso Internet. È una disciplina ombrello.
- WordPress - Sistema di gestione dei contenuti per il web open source). Permette di realizzare siti web in maniera semplice e intuitiva. Il 28% di Internet usa WordPress.

RINGRAZIAMENTI

Grazie per aver acquistato questo mio libro.

Per qualsiasi informazione puoi contattarmi all'email milanoworkshops@gmail.com o visitare il mio sito https://www.emozionare.net

A presto!

Emanuele

www.ingramcontent.com/pod-product-compliance
Lightning Source LLC
Chambersburg PA
CBHW031429210526
45464CB00005B/2114